Impressum
Verlag: BABADADA GmbH, Nedderfeld 112 , 22529 Hamburg
Geschäftsführer / Verlagsleitung: Harald Hof
Druck: Books on Demand GmbH, In de Tarpen 42, 22848 Norderstedt

Imprint
Publisher: BABADADA GmbH, Nedderfeld 112 , 22529 Hamburg, Germany
Managing Director / Publishing direction: Harald Hof
Print: Books on Demand GmbH, In de Tarpen 42, 22848 Norderstedt

l'école

مدرسه

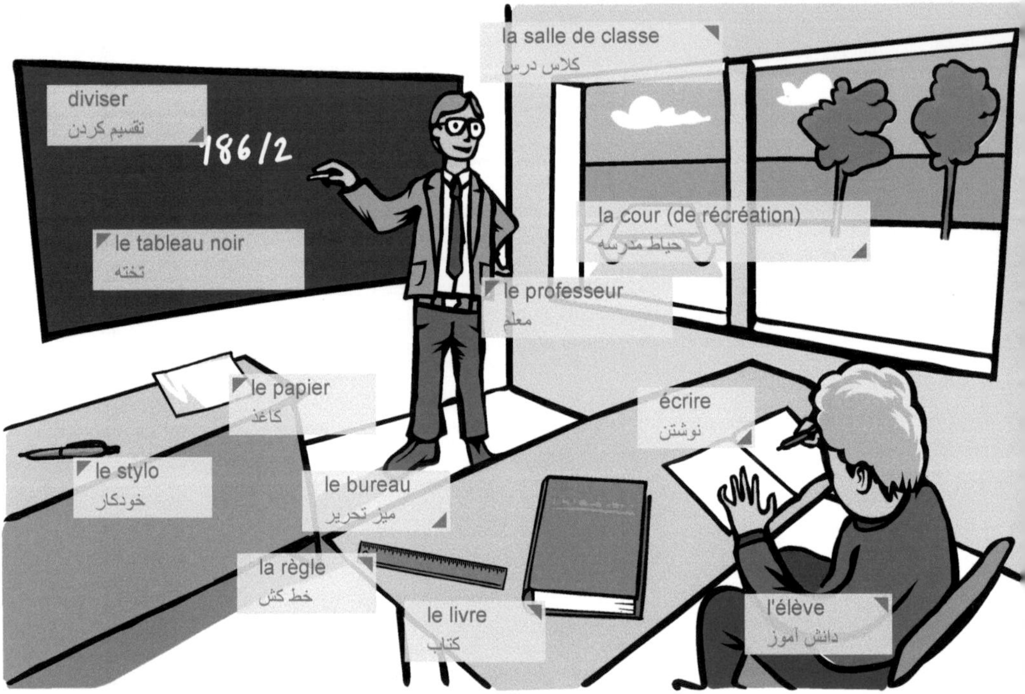

la salle de classe
کلاس درس
diviser
تقسیم کردن
186/2
le tableau noir
تخته
la cour (de récréation)
حیاط مدرسه
le professeur
معلم
le papier
کاغذ
écrire
نوشتن
le stylo
خودکار
le bureau
میز تحریر
la règle
خط کش
le livre
کتاب
l'élève
دانش آموز

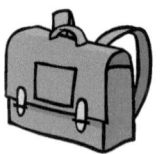

le cartable
کیف مدرسه

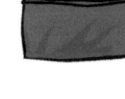

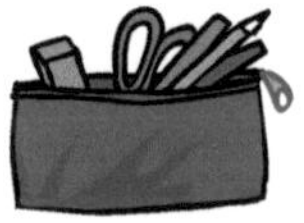

la trousse
جامدادی

le crayon
مداد

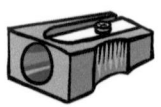

le taille-crayon
تراش

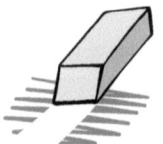

la gomme
پاک کن

le carnet à dessin
دفتر رسم

le dessin

طراحی

le pinceau

قلم مو

la boîte de peinture

جعبه ی آبرنگ

les ciseaux

قیچی

la colle

چسب

le cahier d'exercices

کتاب تمرین

les devoirs

تکلیف خانه

12

le chiffre

رقم

2+2

additionner

جمع کردن

5-2

soustraire

تفریق کردن

2×2

multiplier

ضرب کردن

calculer

محاسبه کردن

A

la lettre

حرف الفبا

ABCDEFG
HIJKLMN
OPQRSTU
VWXYZ

l'alphabet

الفبا

hello

le mot

کلمه

le texte

متن

lire

خواندن

la craie

گچ

la leçon

درس

le livre de classe

ثبت نام

l'examen

امتحان

le certificat

مدرک رسمی

l'uniforme scolaire

لباس مدرسه

la formation

تحصیلات

le lexique

دانشنامه

le livre de classe

l'université

دانشگاه

le microscope

میکروسکوپ

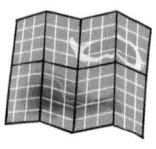

la carte

نقشه

la corbeille à papier

سبد کاغذ باطله

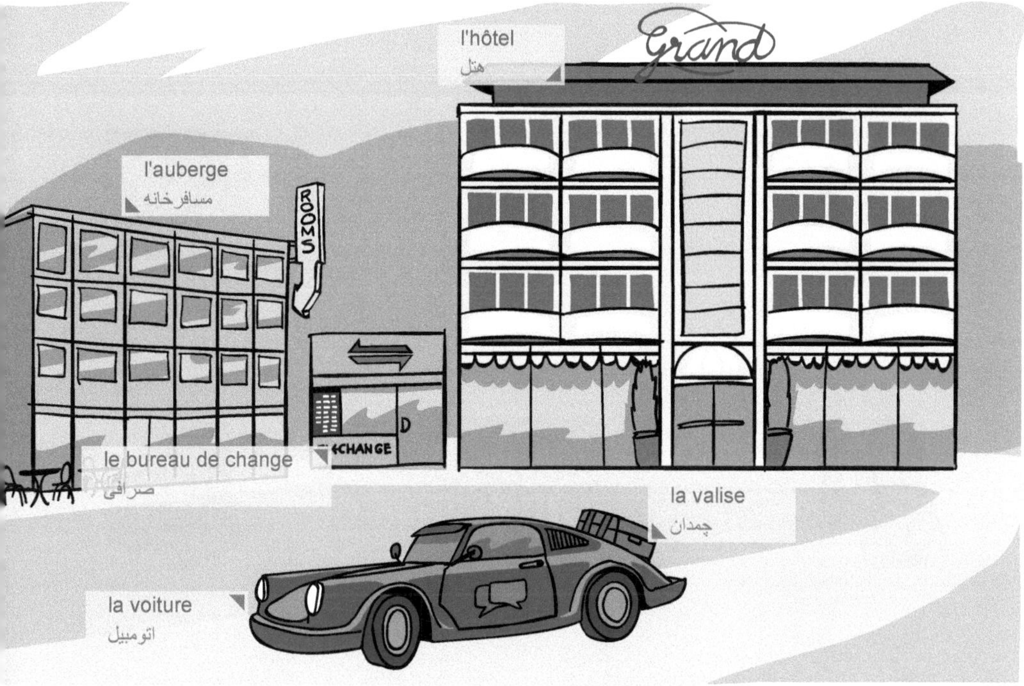

l'hôtel
هتل
Grand
l'auberge
مسافرخانه
ROOMS
le bureau de change
صرافی
CHANGE
la valise
چمدان
la voiture
اتومبیل

la langue

زبان

oui / non

بله / خیر

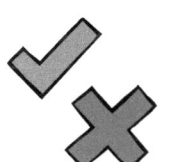

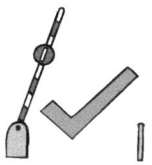

d'accord

اکی

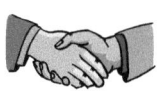

Salut

سلام

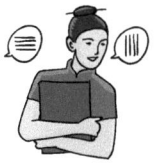

l'interprète

مترجم

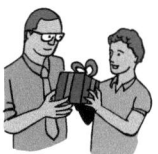

merci

ممنون

Combien coûte...?

قیمت ... چه قدر است؟

Je ne comprends pas

من متوجه نمی شوم

le problème

مشکل

Bonsoir !

عصر بخیر! / شب بخیر!

Bonjour !

صبح بخیر!

Bonne nuit !

شب بخیر!

Au revoir

خداحافظ

la direction

جهت

les bagages

بار سفر

le sac

کیف

le sac-à-dos

کوله پشتی

l'hôte

مهمان

la pièce

اتاق

le sac de couchage

کیسه خواب

la tente

خیمه

l'office de tourisme

مرکز راهنمای گردشگران

la plage

ساحل

la carte de crédit

کارت اعتباری

le petit-déjeuner

صبحانه

le déjeuner

نهار

le dîner

شام

le billet

بلیط

l'ascenseur

آسانسور

le timbre

مهر

la frontière

مرز

la douane

گمرک

l'ambassade

سفارتخانه

le visa

ویزا

le passeport

گذرنامه

le transport

حمل و نقل

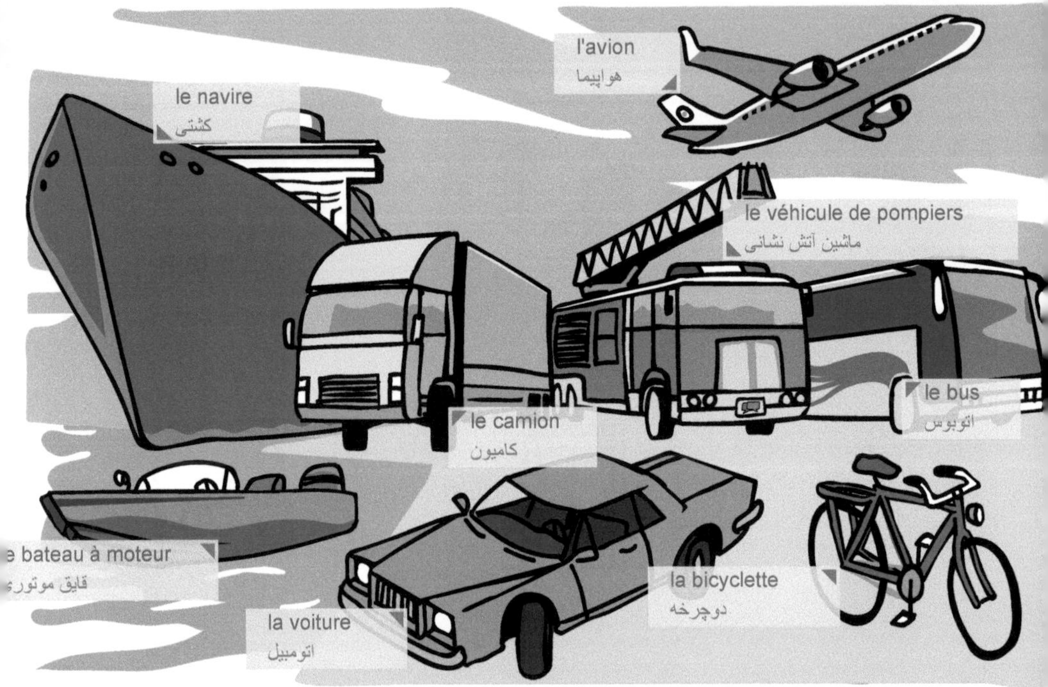
l'avion
هواپیما
le navire
کشتی
le véhicule de pompiers
ماشین آتش نشانی
le bus
اتوبوس
le camion
کامیون
e bateau à moteur
قایق موتور
la bicyclette
دوچرخه
la voiture
اتومبیل

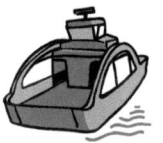

le ferry

کشتی مسافربری

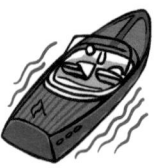

la barque

قایق

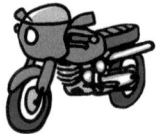

la moto

موتورسیکلت

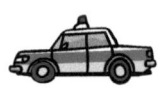

la voiture de police

ماشین پلیس

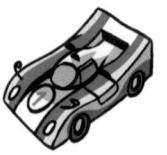

la voiture de course

ماشین مسابقه

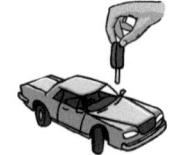

la voiture de location

ماشین کرایه ای

l'auto-partage

به اشتراک گذاری اتوموبیل

la voiture de remorquage

جرثقیل

la benne à ordures

ماشین حمل زباله

le moteur

موتور

l'essence

بنزین

la station d'essence

پمپ بنزین

le panneau indicateur

تابلو راهنمایی و رانندگی

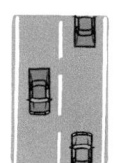

le trafic

عبور و مرور

l'embouteillage

ترافیک

le parking

پارکینگ

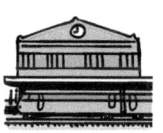

la gare

ایستگاه قطار

les rails

ریل راه آهن

le train

قطار

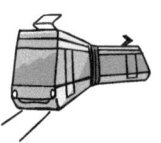

le tramway

قطار برقی

le wagon

واگن

l'hélicoptère

هلیکوپتر

l'aéroport

فرودگاه

la tour

برج

le passager

مسافر

le conteneur

کانتینر

le carton

کارتن

le chariot

گاری

la corbeille

سبد

décoller / atterrir

به پرواز درآمدن / فرود آمدن

la ville

شهر

le village

دهکده

le centre-ville

مرکز شهر

la maison

خانه

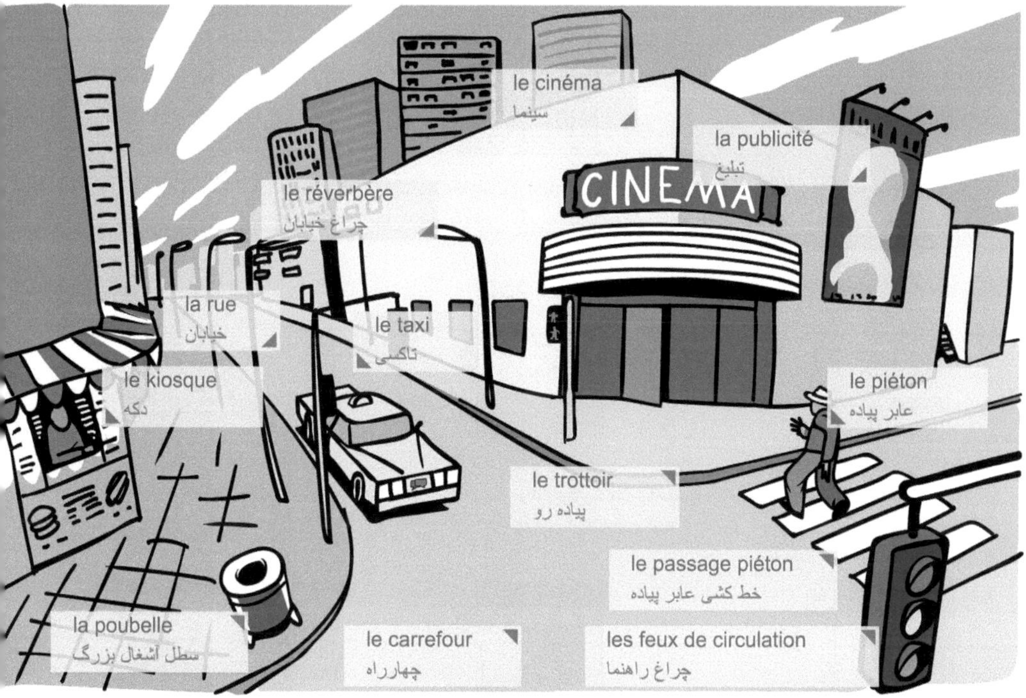

le cinéma
سینما

la publicité
تبلیغ

le réverbère
چراغ خیابان

la rue
خیابان

le taxi
تاکسی

le kiosque
دکه

le piéton
عابر پیاده

le trottoir
پیاده رو

le passage piéton
خط کشی عابر پیاده

la poubelle
سطل آشغال بزرگ

le carrefour
چهارراه

les feux de circulation
چراغ راهنما

la cabane
كلبه

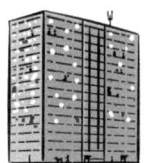

l'appartement
آپارتمان

la gare
ایستگاه قطار

la mairie
ساختمان شهرداری

le musée
موزه

l'école
مدرسه

la ville - شهر   11

l'université

دانشگاه

la banque

بانک

l'hôpital

بیمارستان

l'hôtel

هتل

la pharmacie

داروخانه

le bureau

اداره

la librairie

کتابفروشی

le magasin

مغازه

le fleuriste

گل فروشی

le supermarché

سوپرمارکت

le marché

بازار

le grand magasin

فروشگاه بزرگ

la poissonnerie

ماهی فروش

le centre commercial

مرکز خرید

le port

بندر

le parc

پارک

la banque

نیمکت

le pont

پل

les escaliers

پله

le métro

مترو

le tunnel

تونل

l'arrêt de bus

ایستگاه اتوبوس

le bar

میخانه

le restaurant

رستوران

la boîte à lettres

صندوق پست

le panneau indicateur

تابلوی خیابان

le parcmètre

دستگاه پارکومتر

le zoo

باغ وحش

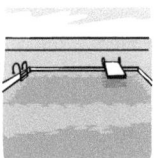

le réverbère

استخر شنای عمومی

la mosquée

مسجد

la ferme

مزرعه

la pollution

آلودگی محیط زیست

la cimetière

قبرستان

l'église

کلیسا

l'aire de jeux

زمین بازی

le temple

معبد

le paysage

چشم انداز

la feuille
برگ

le panneau indicateur
تابلوی راهنمای مسیر

le chemin
راه

le pré
چمنزار

la pierre
سنگ

l'arbre
درخت

le randonneur
راه نورد

la rivière
رودخانه

l'herbe
چمن

la fleur
گل

la vallée

دره

la montagne

تپه

le lac

دریاچه

la forêt

جنگل

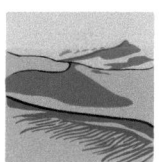

le désert

بیابان

le volcan

کوه آتشفشان

le château

قلعه

l'arc-en-ciel

رنگین کمان

le champignon

قارچ

le palmier

درخت نخل

le moustique

پشه

la mouche

مگس

les fourmis

مورچه

l'abeille

زنبور

l'araignée

عنکبوت

le coléoptère

سوسک

la grenouille

قورباغه

l'écureuil

سنجاب

le hérisson

جوجه تیغی

le lièvre

خرگوش صحرایی

la chouette

جغد

l'oiseau

پرنده

le cygne

قو

le sanglier

گراز

le cerf

گوزن نر

l'élan

گوزن شمالی

le barrage

سد آب

l'éolienne

توربین بادی

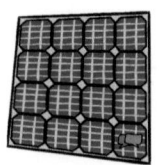

le panneau solaire

صفحه ی خورشیدی

le climat

آب و هوا

le restaurant

رستوران

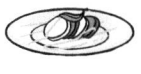

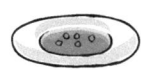

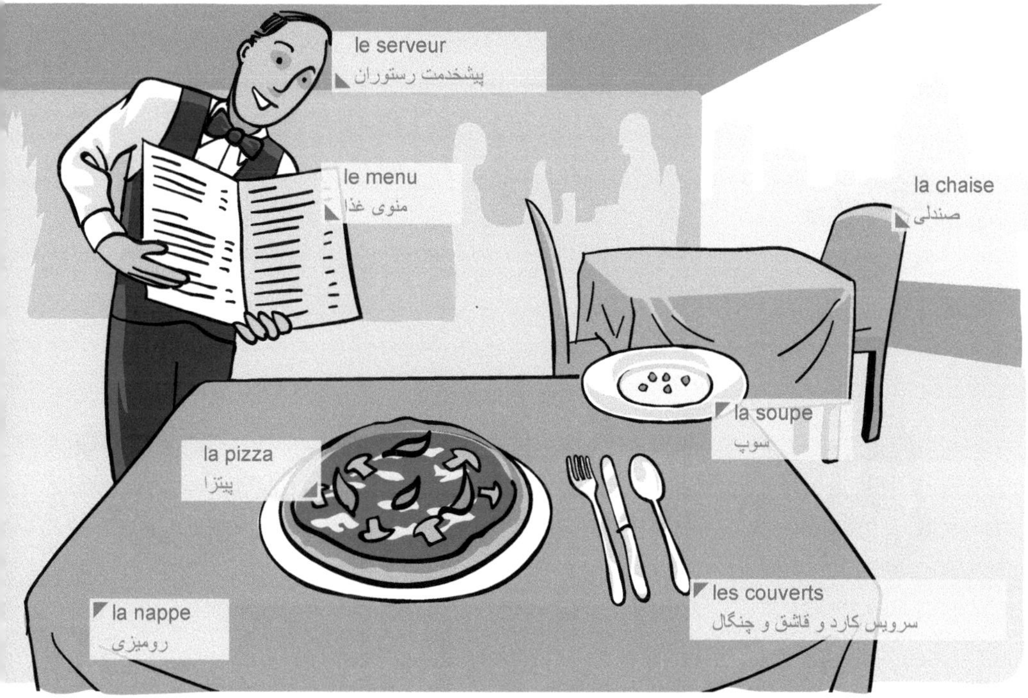
le serveur
پیشخدمت رستوران
le menu
منوی غذا
la chaise
صندلی
la soupe
سوپ
la pizza
پیتزا
les couverts
سرویس کارد و قاشق و چنگال
la nappe
رومیزی

les hors d'œuvre

پیش‌غذا

le plat principal

غذای اصلی

le dessert

دسر

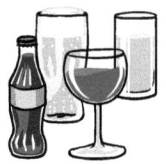

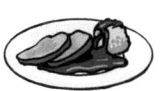

les boissons

نوشیدنی ها

l'alimentation

غذا

la bouteille

بطری

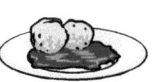

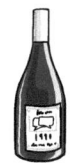

le fast-food

فست فود

les plats à emporter

اغذیه خیابانی

la théière

قوری

le sucrier

قندان

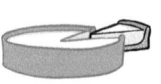

la portion

پُرس غذا

la machine à expresso

دستگاه اسپرسو

la chaise haute

صندلی پایه بلند غذاخوری بچه

la facture

صورتحساب

le plateau

سینی

le couteau

چاقو

la fourchette

چنگال

la cuillère

قاشق

la cuillère à thé

قاشق چایخوری

la serviette

دستمال سفره

le verre

لیوان

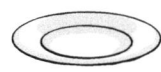

l'assiette

بشقاب

l'assiette à soupe

بشقاب سوپخوری

la soucoupe

نعلبکی

la sauce

سس

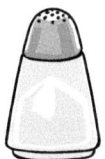

la salière

نمکدان

le moulin à poivre

فلفل ساب

le vinaigre

سرکه

l'huile

روغن خوراکی

les épices

ادویه جات

le ketchup

سس کچاپ

la moutarde

سس خردل

la mayonnaise

سس مایونز

le supermarché
سوپرمارکت

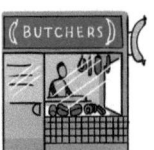

l'offre promotionnelle
پیشنهاد ویژه
FOR
le client
مشتری
les produits laitiers
لبنیات
les fruits
میوه جات
le chariot
چرخ دستی خرید

BUTCHERS

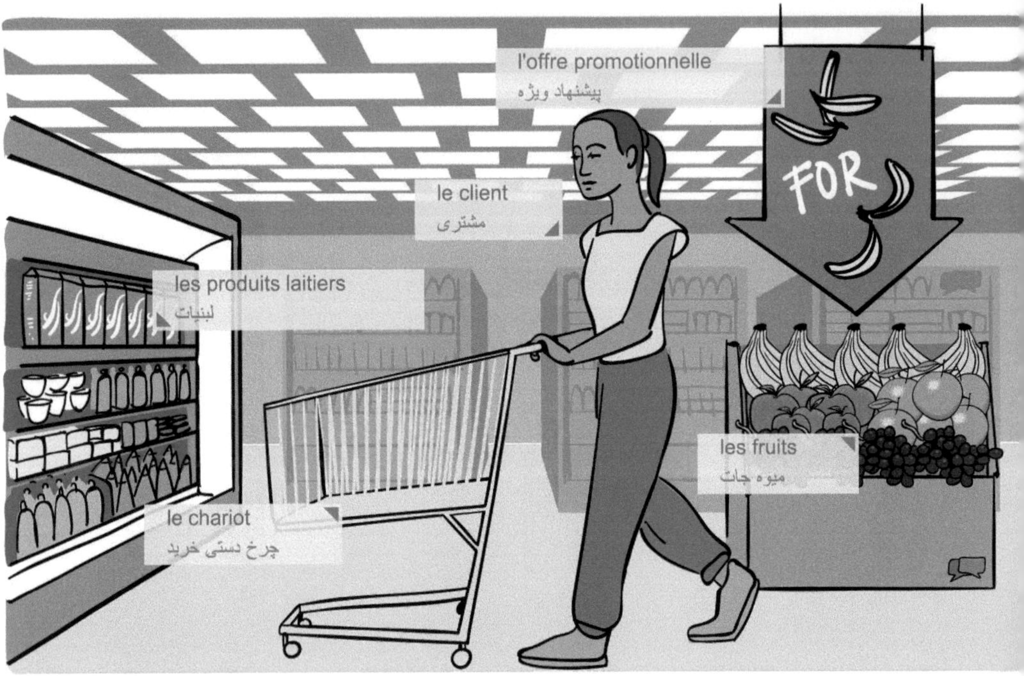

la boucherie
....
قصابی

BAKERY

la boulangerie
....
نانوایی

peser
....
وزن کردن

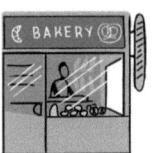

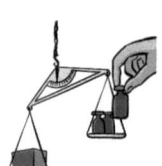

les légumes
....
سبزیجات

la viande
....
گوشت

les aliments surgelés
....
غذای منجمد

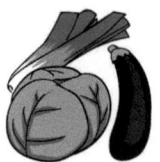

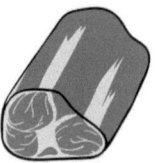

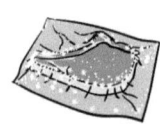

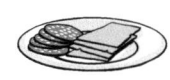

la charcuterie

مخلوطی از انواع کالباس یا پنیر که ورقه ای بریده شده باشند

les conserves

غذای کنسروی

la poudre à lessive

پودر لباسشویی

les bonbons

شیرینی جات

les articles ménagers

لوازم خانگی

les détergents

ماده شوینده و پاک کننده

la vendeuse

فروشنده

la caisse

صندوق پرداخت

le caissier

صندوقدار

la liste d'achats

لیست خرید

les heures d'ouverture

ساعات کار

le portefeuille

کیف پول

la carte de crédit

کارت اعتباری

le sac

کیف

le sac en plastique

کیسه ی پلاستیکی

l'eau

آب

le jus de fruit

آبمیوه

le lait

شیر

le coca

نوشابه کوکاکولا

le vin

شراب

la bière

آبجو

l'alcool

الکل

le chocolat chaud

کاکائو

le thé

چای

le café

قهوه

l'expresso

قهوه اسپرسو

le cappuccino

کاپوچینو

la banane

موز

la pomme

سیب

l'orange

پرتقال

le melon

انواع هندوانه و خربزه

le citron.

لیمو

la carotte

هویج

l'ail

سیر

le bambou

نی بامبو

l'oignon

پیاز

le champignon

قارچ

les noisettes

آجیل

les pâtes

ماکارونی

les spaghetti

اسپاگتی

le riz

برنج

la salade

سالاد

les pommes frites

سیب زمینی سرخ کرده

les pommes de terre rôties

سیب زمینی سرخ شده

la pizza

پیتزا

le hamburger

همبرگر

le sandwich

ساندویچ

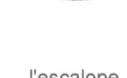

l'escalope

شنیتسل

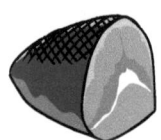

le jambon

ژامبون خوک

le salami

سالامی

la saucisse

سوسیس

le poulet

مرغ

le rôti

نوعی گوشت سرخ شده

le poisson

ماهی

les flocons d'avoine

جوی پرک شده

le muesli

نوعی صبحانه مخلوطی از برگه ذرت و
میوه های خشک شده و خشکبار که
معمولا با شیر خورده می شود

les cornflakes

کورن‌فلکس

la farine

آرد

le croissant

کرواسان

les petits-pains

نان برونتشن

le pain

نان

le pain grillé

نان تست

les biscuits

بیسکویت

le beurre

کره

le fromage blanc

کشک

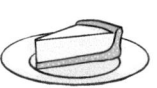

le gâteau

کیک

l'œuf

تخم مرغ

l'œuf au plat

تخم مرغ نیمرو

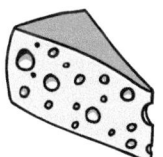

le fromage

پنیر

la glace

بستنى

le sucre

شكر

le miel

عسل

la confiture

مربا

la crème nougat

كرم شكلاتى بادامى

le curry

ادويه كارى

la ferme

مزرعه

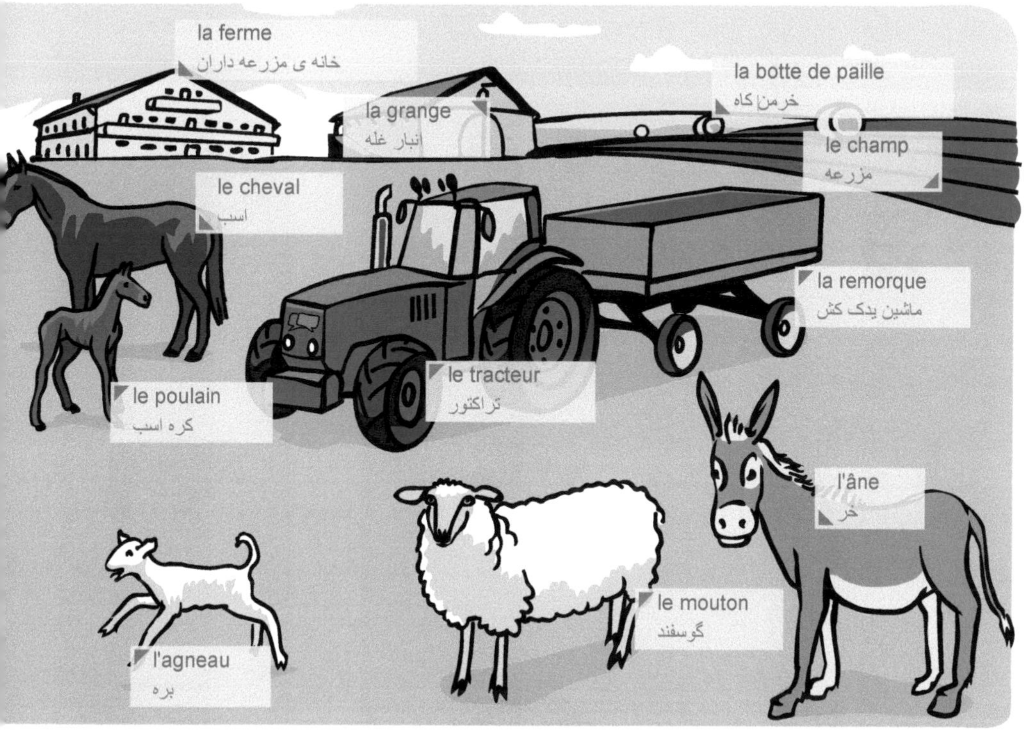

la ferme
خانه ی مزرعه داران
la grange
انبار غله
la botte de paille
خرمن گاه
le champ
مزرعه
le cheval
اسب
la remorque
ماشین یدک کش
le tracteur
تراکتور
le poulain
کره اسب
l'âne
خر
le mouton
گوسفند
l'agneau
بره

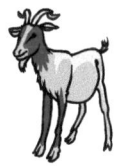

la chèvre
....
بز

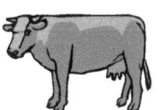

la vache
....
گاو ماده

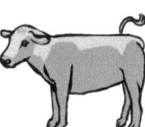

le veau
....
گوساله

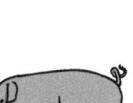

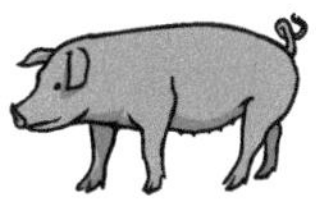

le porc
....
خوک

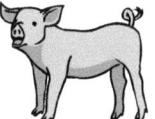

le porcelet
....
بچه خوک

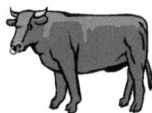

le taureau
....
گاو نر

l'oie

غاز

le canard

اردک

le poussin

جوجه

la poule

مرغ

le coq

خروس

le rat

موش صحرایی

le chat

گربه

la souris

موش

le bœuf

گاو نر اخته

le chien

سگ

le chenil

لانه ی سگ

le tuyau de jardin

شلنگ باغبانی

l'arrosoir

آبپاش

la faucheuse

داس دسته بلند

la charrue

گاوآهن

la faucille

داس

la pioche

کج بیل

la fourche

چنگک باغبانی

la hache

تبر

la brouette

فرقون

la cuve

آبشخور

le pot à lait

بطری نگهداری شیر

le sac

کیسه

la clôture

حصار

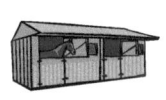

l'étable

اصطبل

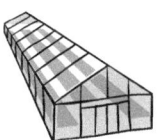

le serre

گلخانه

le sol

خاک

les semences

بذر

l'engrais

کود

la moissonneuse-batteuse

ماشین کمباین

récolter

برداشت کردن محصول

la récolte

محصول

l'igname

تمیس

le blé

گندم

le soja

سویا

la pomme de terre

سیب زمینی

le maïs

ذرت

le colza

کلزا

l'arbre fruitier

درخت میوه

le manioc

گیاه مانیوک

les céréales

غلات

la maison

خانه

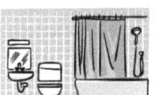

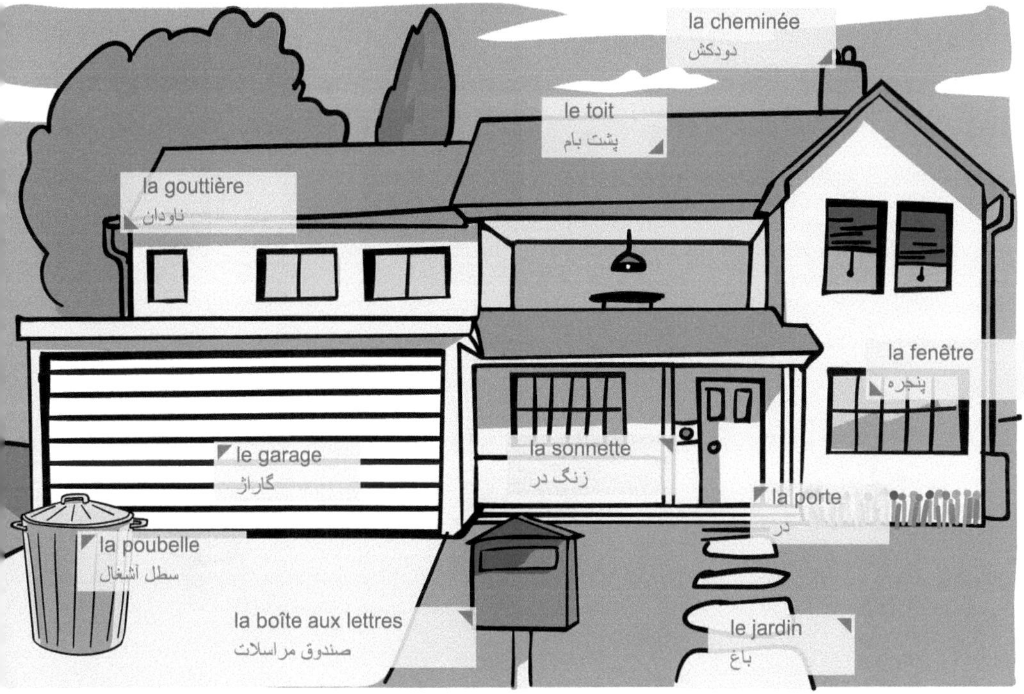
la cheminée
دودکش
le toit
پشت بام
la gouttière
ناودان
la fenêtre
پنجره
le garage
گاراژ
la sonnette
زنگ در
la porte
در
la poubelle
سطل آشغال
la boîte aux lettres
صندوق مراسلات
le jardin
باغ

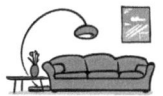

le salon

اتاق نشیمن

la salle de bain

حمام

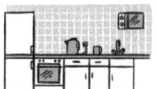

la cuisine

آشپزخانه

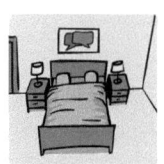

la chambre à coucher

اتاق خواب

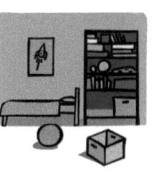

la chambre d'enfant

اتاق بچه

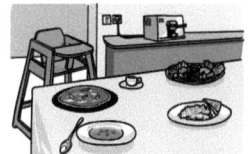

la salle à manger

ناهارخوری

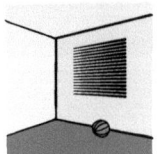

le sol

کف زمین

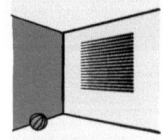

le mur

دیوار

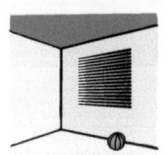

le plafond

سقف

la cave

زیرزمین

le sauna

سونا

le balcon

بالکن

la terrasse

تراس

la piscine

استخر

la tondeuse à gazon

ماشین چمنزنی

la housse

ملافه

la couette

روتختی

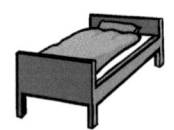

le lit

تخت خواب

le balai

جارو

le sceau

سطل

l'interrupteur

سویچ یا کلید

le salon

اتاق نشیمن

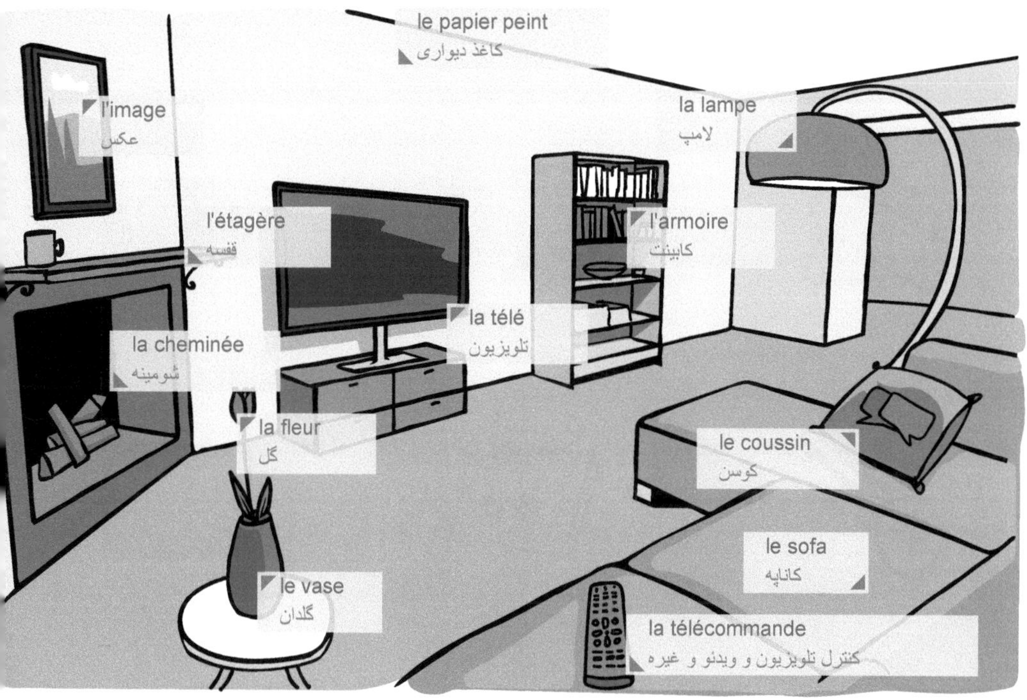

le papier peint
کاغذ دیواری

l'image
عکس

la lampe
لامپ

l'étagère
قفسه

l'armoire
کابینت

la télé
تلویزیون

la cheminée
شومینه

la fleur
گل

le coussin
کوسن

le sofa
کاناپه

le vase
گلدان

la télécommande
کنترل تلویزیون و ویدئو و غیره

le tapis
فرش

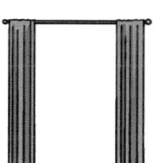
le rideau
پرده

la table
میز

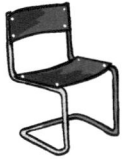
la chaise
صندلی

la chaise à bascule
صندلی گهواره ایی

le fauteuil
صندلی راحتی

le salon - اتاق نشیمن   33

le livre

كتاب

la couverture

لحاف

la décoration

دكوراسيون

le bois de chauffage

هيزم

le film

فيلم

la chaîne hi-fi

دستگاه ضبط صوت

la clé

كليد

le journal

روزنامه

la peinture

تابلو نقاشى

le poster

پوستر

la radio

راديو

le bloc-notes

دفترچه يادداشت

l'aspirateur

جاروبرقى

le cactus

كاكتوس

la bougie

شمع

la cuisine
آشپزخانه

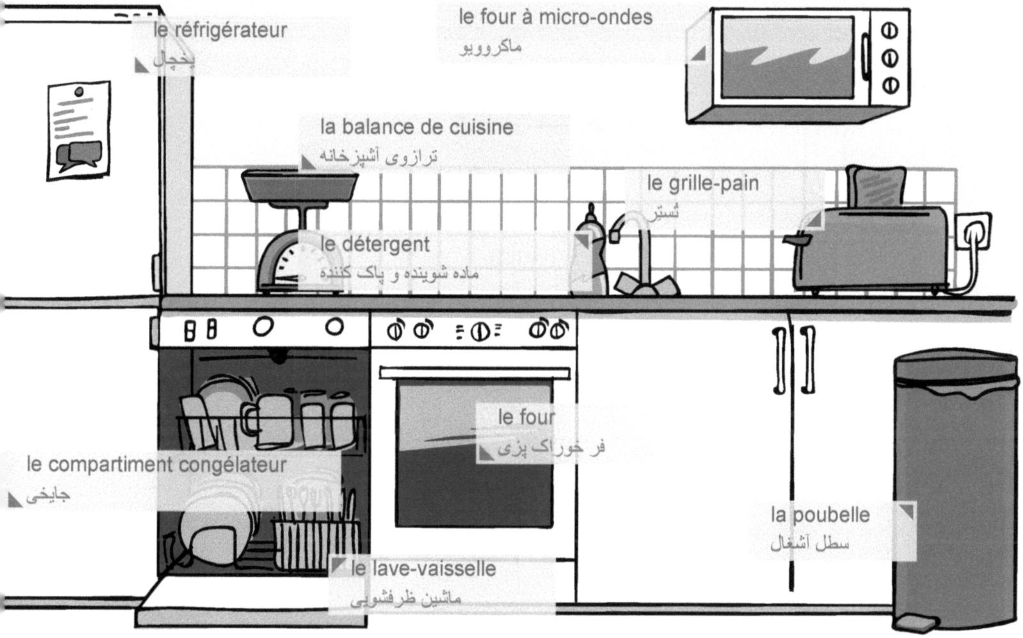
le réfrigérateur
یخچال
le four à micro-ondes
ماکروویو
la balance de cuisine
ترازوی آشپزخانه
le grille-pain
تستر
le détergent
ماده شوینده و پاک کننده
le four
فر خوراک پزی
le compartiment congélateur
جایخی
la poubelle
سطل آشغال
le lave-vaisselle
ماشین ظرفشویی

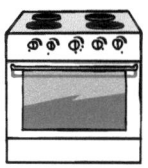

le four

اجاق گاز

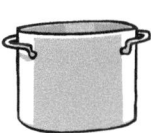

la casserole

قابلمه

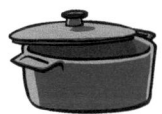

la marmite

قابلمه چدنی

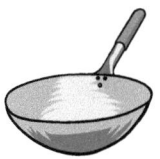

le wok / kadai

ماهی تابه گود

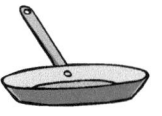

la poêle

ماهی تابه

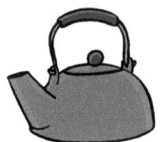

la bouilloire electrique

کتری

le cuiseur vapeur

بخارپز

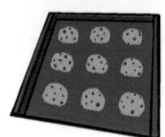

la plaque de cuisson

سینی فر

la vaisselle

ظرف چینی آشپزخانه

le gobelet

لیوان

la coupe

کاسه

les baguettes

چاپستیک

la louche

ملاقه

la spatule

کفگیر

le fouet

همزن

la passoire

آبکش

le tamis

آبکش

la râpe

رنده

le mortier

هاون

le barbecue

باربیکیو

la cheminée

محل مخصوص افروختن آتش

la planche à découper

تخته گوشت و سبزی

le rouleau à pâtisserie

وردنه

le tire-bouchon

در بطری بازکن

la boîte

قوطی

l'ouvre-boîte

در قوطی بازکن

les maniques

دستگیره پارچه ای

le lavabo

سینک ظرفشویی

la brosse

برس گردگیری

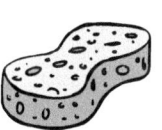

l'éponge

اسفنج

le mixeur

مخلوط کن

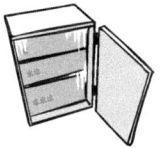

le congélateur

فریزر

le biberon

شیشه شیر بچه

le robinet

شیر آب

la salle de bain

حمام

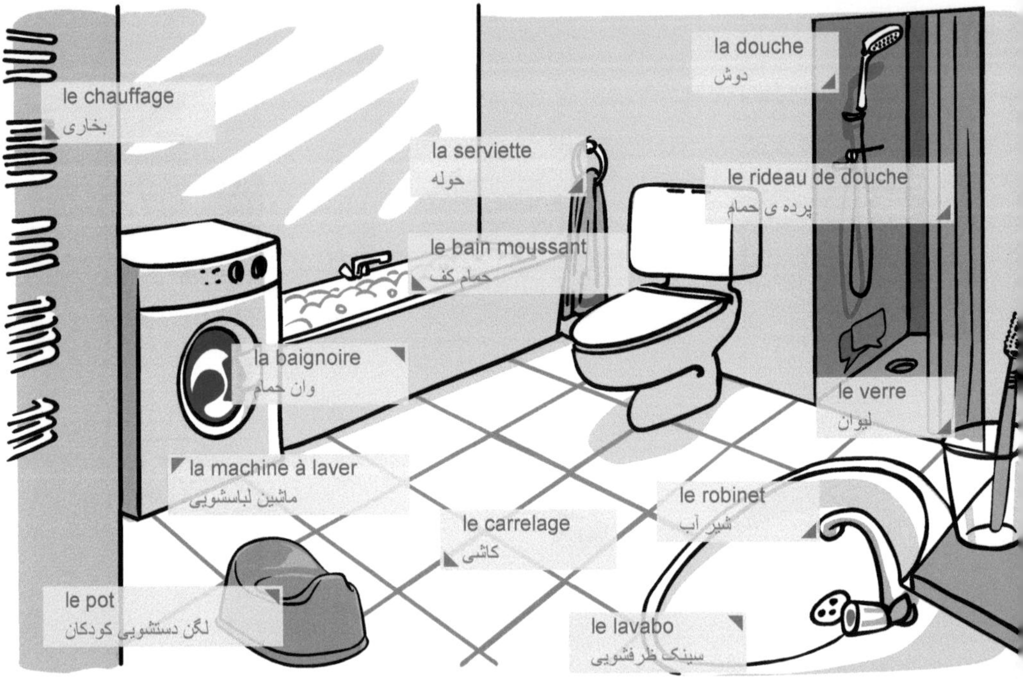

le chauffage
بخاری

la douche
دوش

la serviette
حوله

le rideau de douche
پرده ی حمام

le bain moussant
حمام کف

la baignoire
وان حمام

le verre
لیوان

la machine à laver
ماشین لباسشویی

le robinet
شیر آب

le carrelage
کاشی

le pot
لگن دستشویی کودکان

le lavabo
سینک ظرفشویی

les toilettes

توالت

la toilette à la turque

توالت ایرانی

le bidet

کاسه توالت

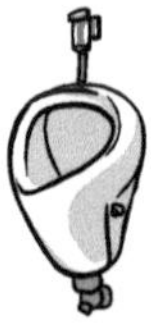

l'urinoir

توالت مخصوص آقایان

le papier toilette

دستمال توالت

la brosse à toilette

فرچه توالت

la brosse à dents

مسواک

le dentifrice

خمیردندان

le fil dentaire

نخ دندان

laver

شستن

la douche manuelle

دوش آب تلفنی

la douche intime

شلنگ توالت

la vasque

لگن روشویی

la brosse dorsale

برس شست و شوی پشت

le savon

صابون

le gel douche

شامپو بدن

le shampooing

شامپو

le gant de toilette

لیف حمام

l'écoulement

راه آب

la crème

کرم

le déodorant

اسپری دئودورانت

le miroir

آيينه

le miroir cosmétique

آيينه ی کوچک دستی

le rasoir

تيغ ريش تراشی

la mousse à raser

کف ريش تراشی

l'après-rasage

آفترشيو

la peigne

شانه ی سر

la brosse

برس

le sèche-cheveux

سشوار

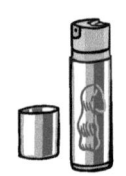

la laque pour cheveux

اسپری مو

le fond de teint

آرايش

le rouge à lèvres

رژلب

le vernis à ongles

لاک ناخن

l'ouate

پنبه

le coupe-ongles

قيچی ناخن

le parfum

عطر

la trousse de toilette

کیف لوازم آرایشی و بهداشتی

le tabouret

چهارپایه

le pèse-personne

ترازو

le peignoir

حوله ی پالتویی

les gants de nettoyage

دستکش ظرفشویی

le tampon

تامپون

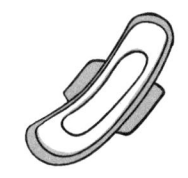

les serviettes hygiéniques

نوار بهداشتی

la toilette chimique

توالت سیار

la chambre d'enfant
اتاق بچه

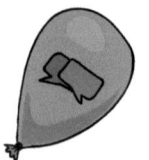

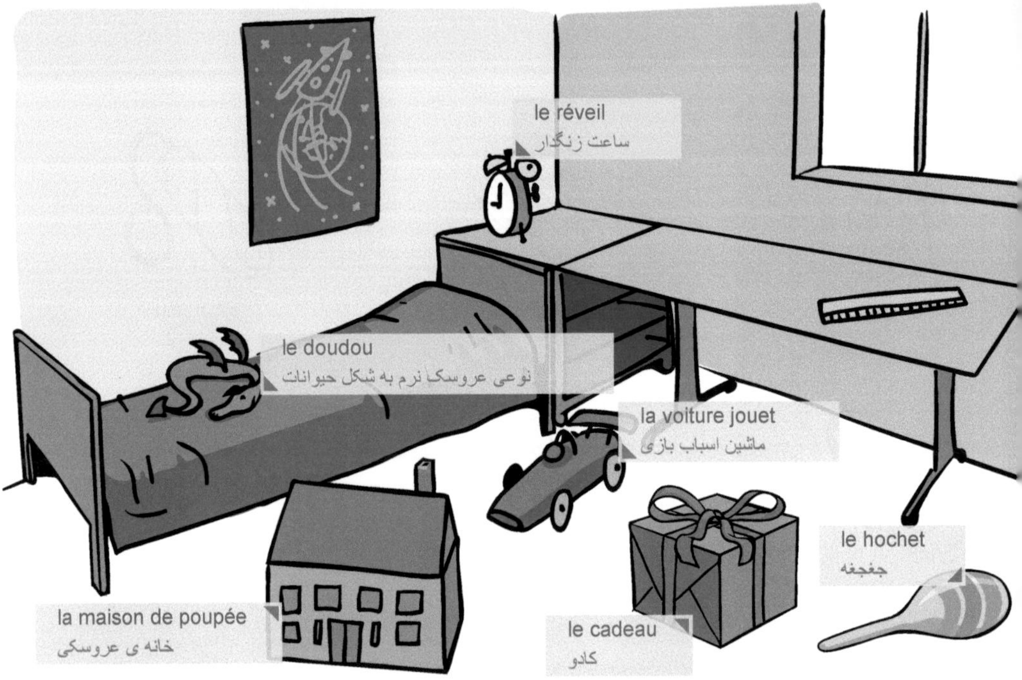
le réveil
ساعت زنگدار
le doudou
نوعی عروسک نرم به شکل حیوانات
la voiture jouet
ماشین اسباب بازی
le hochet
جغجغه
la maison de poupée
خانه ی عروسکی
le cadeau
کادو

le ballon

بادکنک

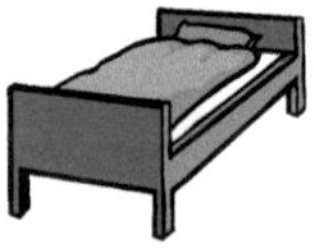

le lit

تخت خواب

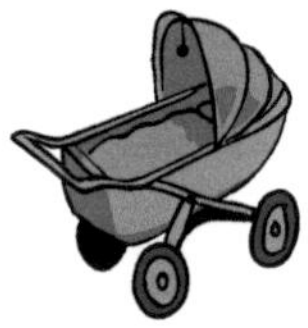

la poussette

کالسکه بچه

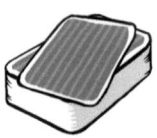

le jeu de cartes

بازی ورق

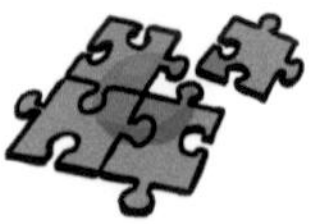

le puzzle

پازل

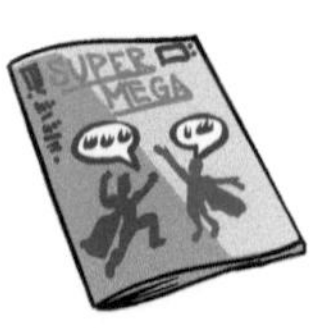

la bande dessinée

داستان مصور

les pièces lego

اسباب بازی لگو

les blocs de construction

خانه سازی

la figurine

عروسک شخصیت های فیلم و کارتون

la grenouillère

لباس نوزاد

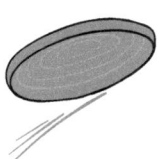

le frisbee

فریزبی

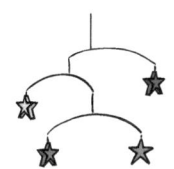

le mobile

نوعی اسباب بازی که روی تخت نوزاد
یا کودک نصب می شود

le jeu de société

بازی روی صفحه

le dé

تاس

le train miniature

قطار اسباب بازی

la sucette

پستانک

la fête

مهمانی

le livre d'images

کتاب مصور

la balle

توپ

la poupée

عروسک

jouer

بازی کردن

le bac à sable

جعبه شنی مخصوص بازی کودکان

la balançoire

تاب

les jouets

اسباب بازی

la console de jeu

کنسول بازی های کامپیوتری

le tricycle

سه چرخه

l'ours en peluche

خرس عروسکی

l'armoire

کمد لباس

les vêtements

لباس

les chaussettes

جوراب

les bas

جوراب زنانه ساق بلند

le collant

جوراب شلواری

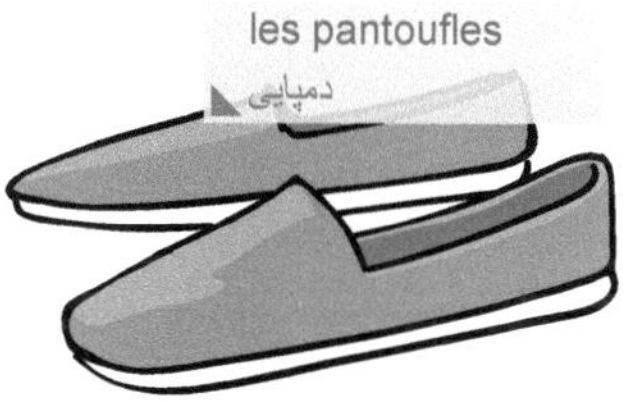

l'écharpe
شال

le parapluie
چتر

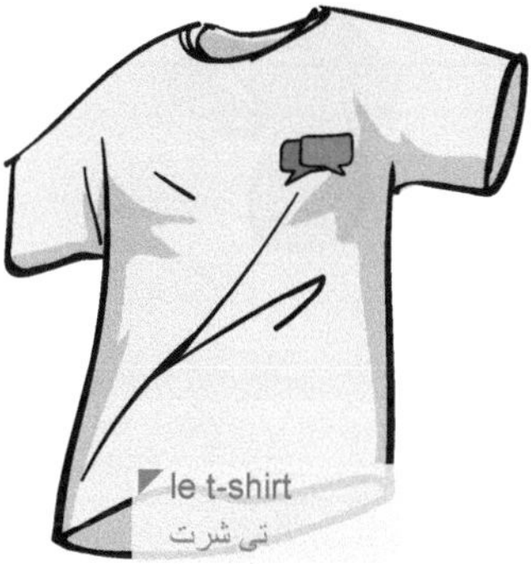

le t-shirt
تی شرت

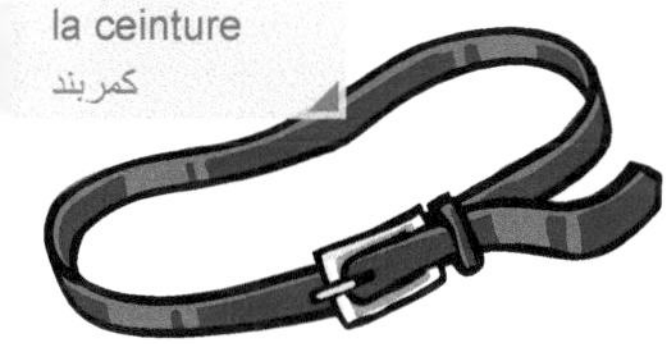

la ceinture
کمربند

les bottes
پوتین

les pantoufles
دمپایی

les baskets
کفش ورزشی کتانی

les sandales
صندل

les chaussures
کفش

les bottes de caoutchouc
چکمه پلاستیکی

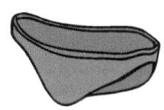

les sous-vêtements
شرت

le soutien-gorge
سوتین

le maillot de corps
جلیقه

le body

بادی

le pantalon

شلوار

le jean

جین

la jupe

دامن

le chemisier

بلوز

la chemise

پیراهن

le pull

پولیور

le sweat à capuche

سویی شرتأ

la veste

نوعی کت

la veste

ژاکت

le manteau

کت بلند

l'imperméable

بارانی

le costume

لباس نمایش

la robe

لباس

la robe de mariée

لباس عروس

le costume

كت و شلوار

la chemise de nuit

لباس خواب زنانه

le pyjama

پیژامه

le sari

ساری

le foulard

روسری

le turban

عمامه

la burqa

برقع

le caftan

قبا

l'abaya

عبا

le maillot de bain

لباس شنا

le maillot de bain

شرت شنا

le short

شلوارک

la tenue d'entraînement

لباس ورزشی

le tablier

پیشبند

les gants

دستکش

le bouton

دکمه

les lunettes

عینک

le bracelet

دستبند

le collier

گردنبند

la bague

انگشتر

la boucle d'oreille

گوشواره

le bonnet

کلاه لبه دار

le cintre

چوب لباسی

le chapeau

کلاه

la cravate

کراوات

la fermeture éclair

زیپ

le casque

کلاه ایمنی

les bretelles

بند شلوار

l'uniforme scolaire

لباس مدرسه

l'uniforme

لباس فرم

le bavoir

پیش بند بچه

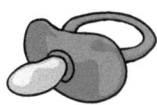

la sucette

پستانک

la lange

پوشک بچه

le bureau

اداره

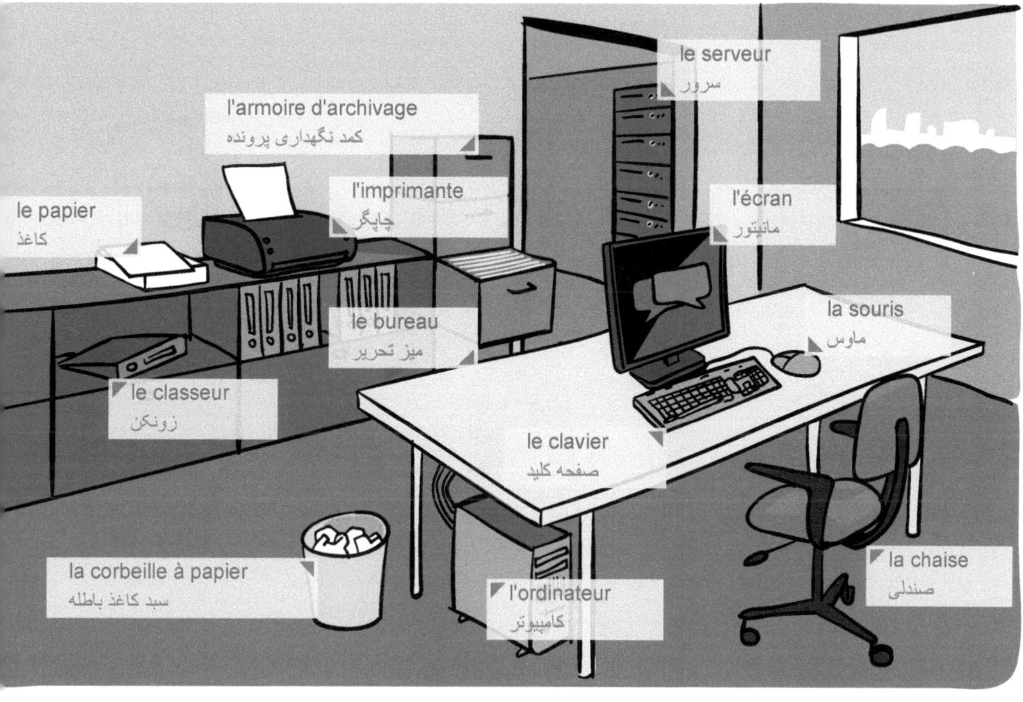

l'armoire d'archivage

کمد نگهداری پرونده

le serveur

سرور

l'imprimante

چاپگر

l'écran

مانیتور

le papier

کاغذ

le bureau

میز تحریر

la souris

ماوس

le classeur

زونکن

le clavier

صفحه کلید

la corbeille à papier

سبد کاغذ باطله

l'ordinateur

کامپیوتر

la chaise

صندلی

la tasse de café

لیوان قهوه

la calculatrice

ماشین حساب

l'internet

اینترنت

le bureau - اداره

49

l'ordinateur portable

لپ تاپ

la lettre

نامه

le message

پیغام

le portable

تلفن همراه

le réseau

شبکه ی ارتباطی

la photocopieuse

دستگاه فتوکپی

le logiciel

نرم افزار

le téléphone

تلفن

la prise

پریز

le fax

دستگاه فاکس

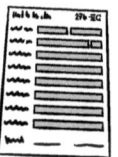

le formulaire

فرم

le document

مدرک

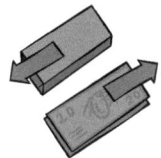

acheter

خریدن

payer

پرداخت کردن

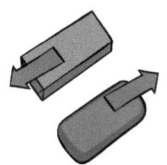

faire du commerce

تجارت کردن

la monnaie

پول

le dollar

دلار

l'euro

یورو

le yen

ین

le rouble

روبل

le franc suisse

فرانک سوئیس

le renminbi yuan

یوان رنمینبی

la roupie

روپیه

le distributeur automatique

دستگاه خودپرداز

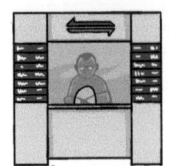

le bureau de change

صرافى

l'or

طلا

l'argent

نقره

le pétrole

نفت

l'énergie

انرژى

le prix

قيمت

le contrat

قرارداد

la taxe

ماليات

l'action

سهام سرمايه

travailler

كار كردن

l'employé

كارمند

l'employeur

كارفرما

l'usine

كارخانه

le magasin

مغازه

les professions

مشاغل

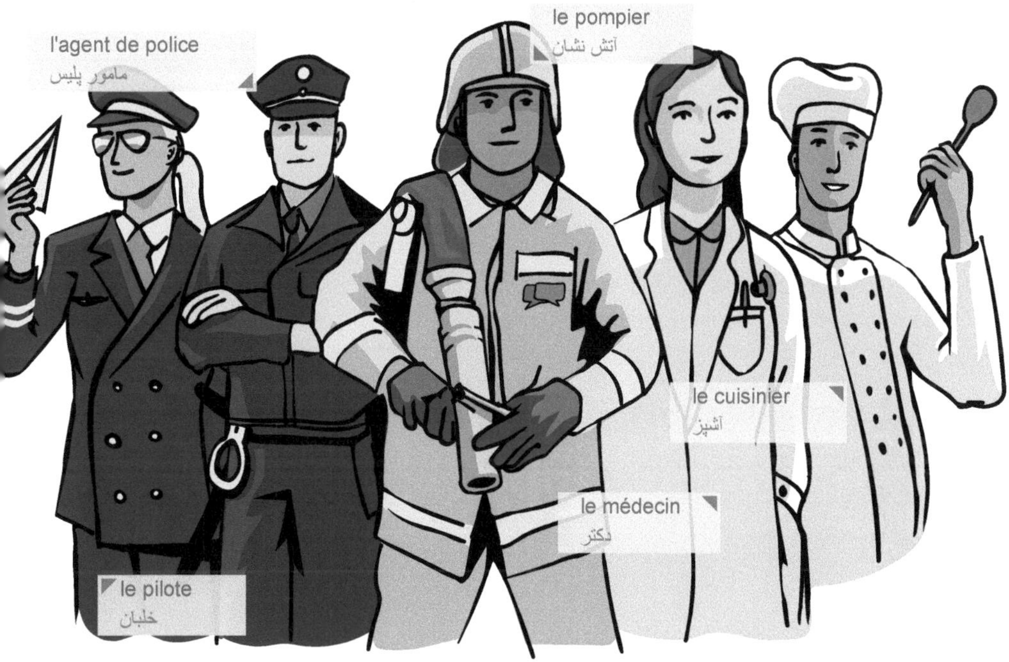

le pompier
آتش نشان
l'agent de police
مامور پلیس
le cuisinier
آشپز
le médecin
دکتر
le pilote
خلبان

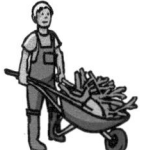

le jardinier

باغبان

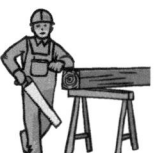

le menuisier

نجار

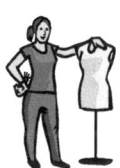

la couturière

خیاط زنانه

le juge

قاضی

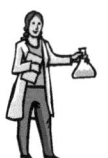

le chimiste

شیمیدان

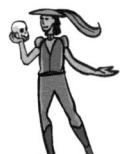

l'acteur

بازیگر

le conducteur de bus

راننده اتوبوس

le chauffeur de taxi

راننده تاکسی

le pêcheur

ماهیگیر

la femme de ménage

نظافتچی زن

le couvreur

سقف ساز

le serveur

پیشخدمت رستوران

le chasseur

شکارچی

le peintre

نقاش

le boulanger

نانوا

l'électricien

برقکار

l'ouvrier

کارگر ساختمانی

l'ingénieur

مهندس

le boucher

قصاب

le plombier

لوله کش

le facteur

پستچی

le soldat

سرباز

l'architecte

معمار

le caissier

صندوقدار

le fleuriste

گل فروش

le coiffeur

آرایشگر

le contrôleur

مامور کنترل بلیط در قطار

le mécanicien

مکانیک

le capitaine

ناخدا

le dentiste

دندانپزشک

le scientifique

دانشمند

le rabbin

عالم یهودی

l'imam

امام

le moine

راهب

le prêtre

کشیش

les outils

ابزارآلات

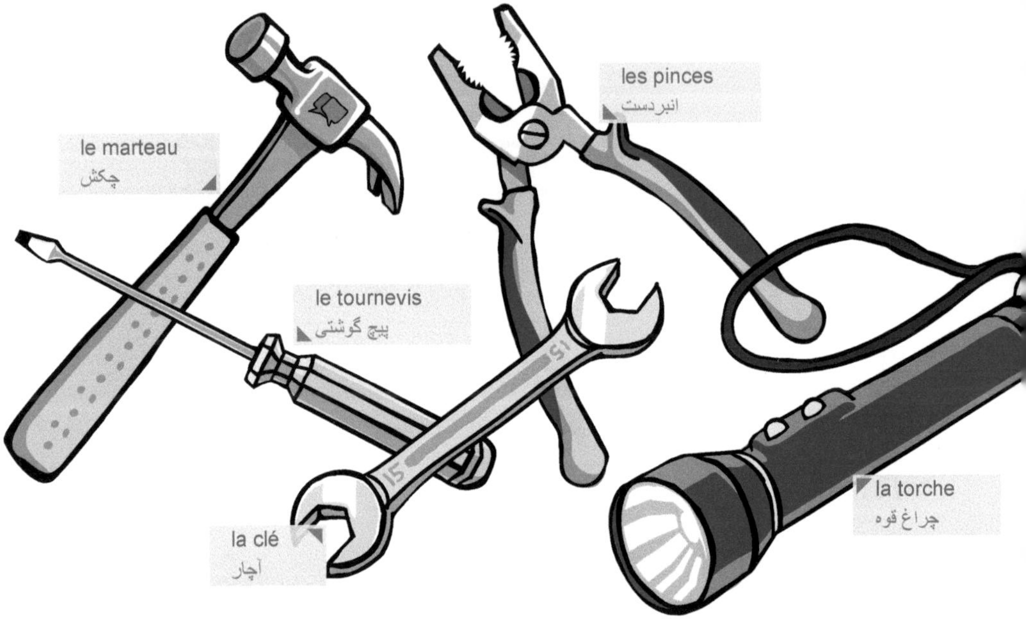
les pinces
انبردست
le marteau
چکش
le tournevis
پیچ گوشتی
la torche
چراغ قوه
la clé
آچار

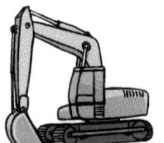

la pelleteuse

بیل مکانیکی

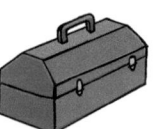

la boîte à outils

جعبه ابزار

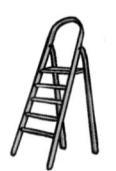

l'échelle

نردبان

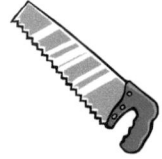

la scie

ارّه

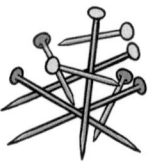

les clous

میخ

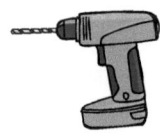

la perceuse

مته

réparer

تعمیر کردن

la pelle

بیل

Mince !

لعنتی!

la pelle

خاک انداز

le pot de peinture

سطل رنگ‌رزی

les vis

پیچ

les instruments de musique

آلات موسیقی

le haut-parleurs
بلندگو

la batterie
درامز

la contrebasse
کنترباس

la trompette
ترومپت

la guitare
گیتار

le piano
پیانو

le violon
ویولن

la basse
گیتار بیس

les timbales
تیمپانی

le tambour
طبل

le piano électrique
کیبورد الکتریک

le saxophone
ساکسیفون

la flûte
فلوت

le microphone
میکروفون

le zoo

باغ وحش

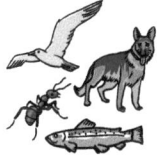

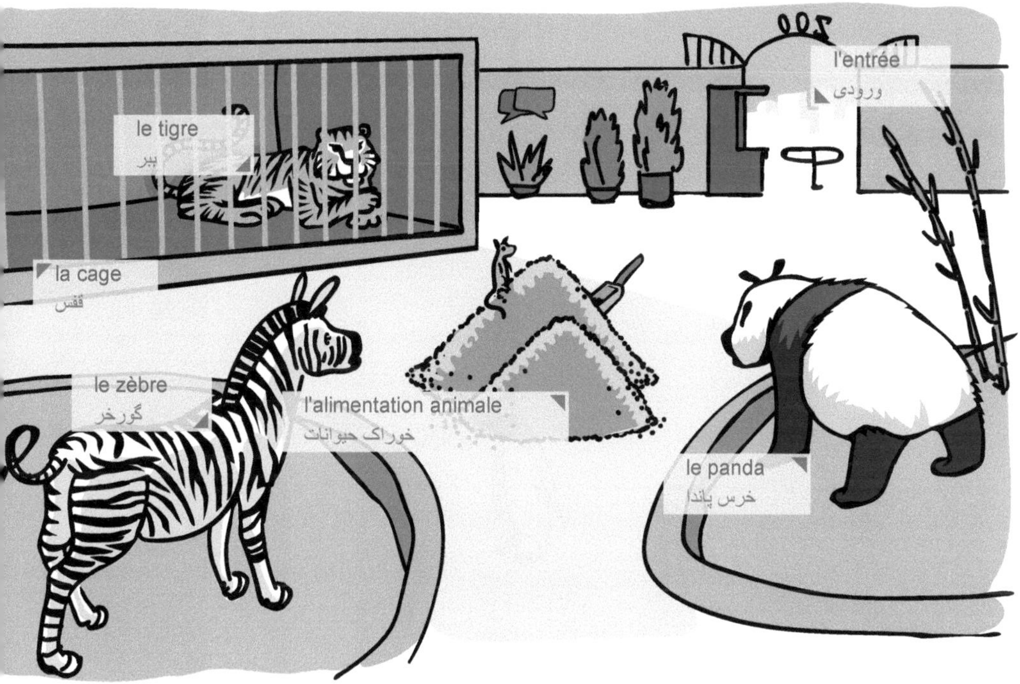

l'entrée
ورودی
le tigre
ببر
la cage
قفس
le zèbre
گورخر
l'alimentation animale
خوراک حیوانات
le panda
خرس پاندا

les animaux

حیوانات

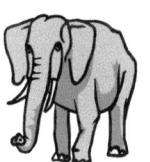

l'éléphant

فیل

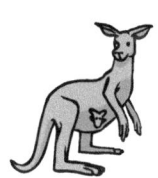

le kangourou

کانگورو

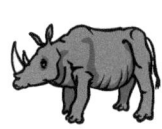

le rhinocéros

کرگدن

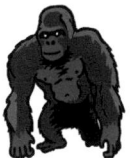

le gorille

گوریل

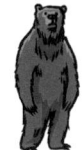

l'ours

خرس

le chameau

شتر

l'autruche

شترمرغ

le lion

شیر

le singe

میمون

le flamand rose

فلامینگو

le perroquet

طوطی

l'ours polaire

خرس قطبی

le pingouin

پنگوئن

le requin

کوسه

le paon

طاووس

le serpent

مار

le crocodile

تمساح

le gardien de zoo

نگهبان باغ وحش

le phoque

خوک آبی

le jaguar

پلنگ امریکایی

le poney

اسب کوچک

le léopard

پلنگ

l'hippopotame

اسب آبی

la girafe

زرافه

l'aigle

عقاب

le sanglier

گراز

le poisson

ماهی

la tortue

لاک پشت

le morse

شیرماهی

le renard

روباه

la gazelle

غزال

les sports

ورزش ها

l'american Football
فوتبال آمریکایی

le cyclisme
دوچرخه سواری

le tennis
تنیس

le basket-ball
بسکتبال

la natation
شنا

la boxe
بوکس

le hockey sur glace
هاکی روی یخ

le football
فوتبال

le badminton
بدمینتون

l'athlétisme
دوومیدانی

le handball
هندبال

le ski
اسکی

le polo
پولو

les activités
فعاليت ها

rire
خنديدن
sauter
پريدن
embrasser
بغل کردن
marcher
راه رفتن
chanter
آواز خواندن
rêver
رؤيا ديدن
prier
دعا کردن
faire la bise
بوسيدن

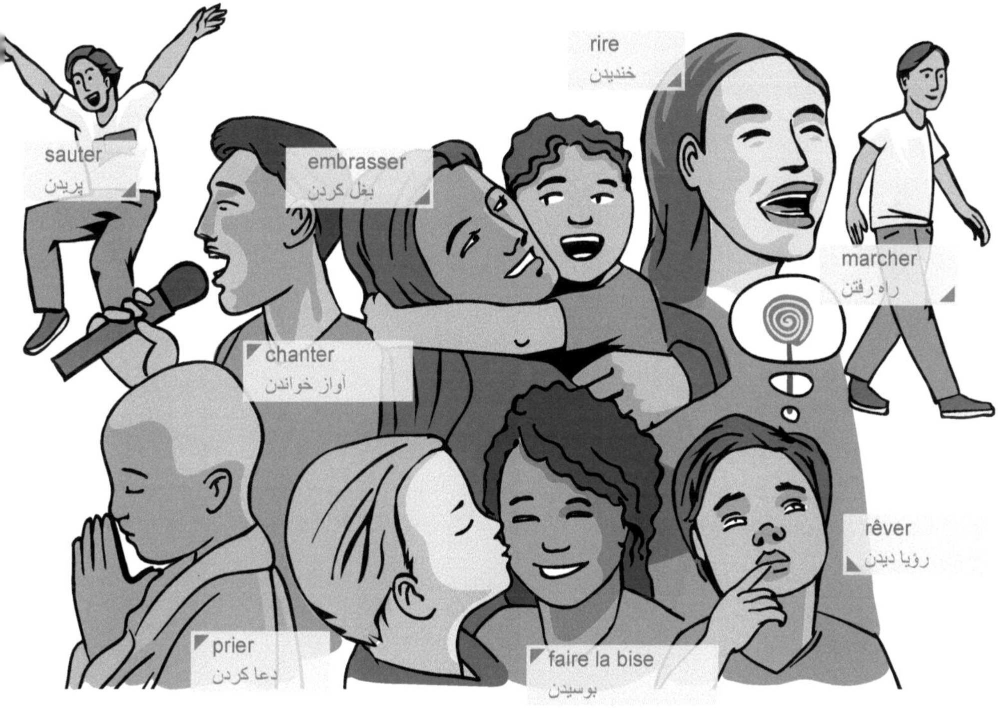

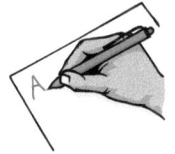

écrire
نوشتن

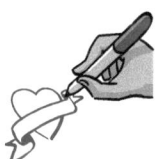

dessiner
رسم کردن

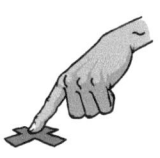

montrer
نشان دادن

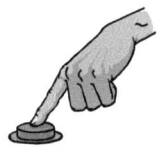

pousser
هل دادن

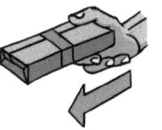

donner
دادن

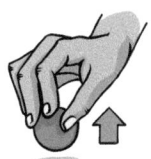

prendre
برداشتن

avoir

داشتن

faire

انجام دادن

être

بودن

être debout

ایستادن

courir

دویدن

trier

كشیدن

jeter

پرتاب کردن

tomber

افتادن

être couché

دراز کشیدن

attendre

منتظر بودن

porter

حمل کردن

être assis

نشستن

s'habiller

لباس پوشیدن

dormir

خوابیدن

se réveiller

بیدار شدن

regarder

تماشا کردن

pleurer

گریه کردن

caresser

نوازش کردن

peigner

شانه کردن

parler

حرف زدن

comprendre

فهمیدن

demander

پرسیدن

écouter

شنیدن

boire

آشامیدن

manger

خوردن

ranger

مرتب کردن

aimer

عاشق بودن

cuire

پختن

conduire

رانندگی کردن

voler

پرواز کردن

faire de la voile

قایقرانی کردن

calculer

محاسبه کردن

lire

خواندن

apprendre

یاد گرفتن

travailler

کار کردن

se marier

ازدواج کردن

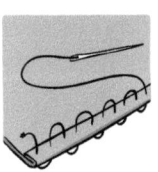

coudre

دوختن

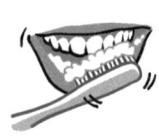

brosser les dents

مسواک زدن

tuer

کشتن

fumer

سیگار کشیدن

envoyer

فرستادن

la famille

خانواده

grand-mère
مادربزرگ

le grand-père
پدربزرگ

le père
پدر

la mère
مادر

le bébé
کودک

la fille
فرزند دختر

le fils
فرزند پسر

l'hôte

مهمان

la tante

خاله، عمه

l'oncle

دایی، عمو

le frère

برادر

la sœur

خواهر

la famille - خانواده   67

le corps

بدن

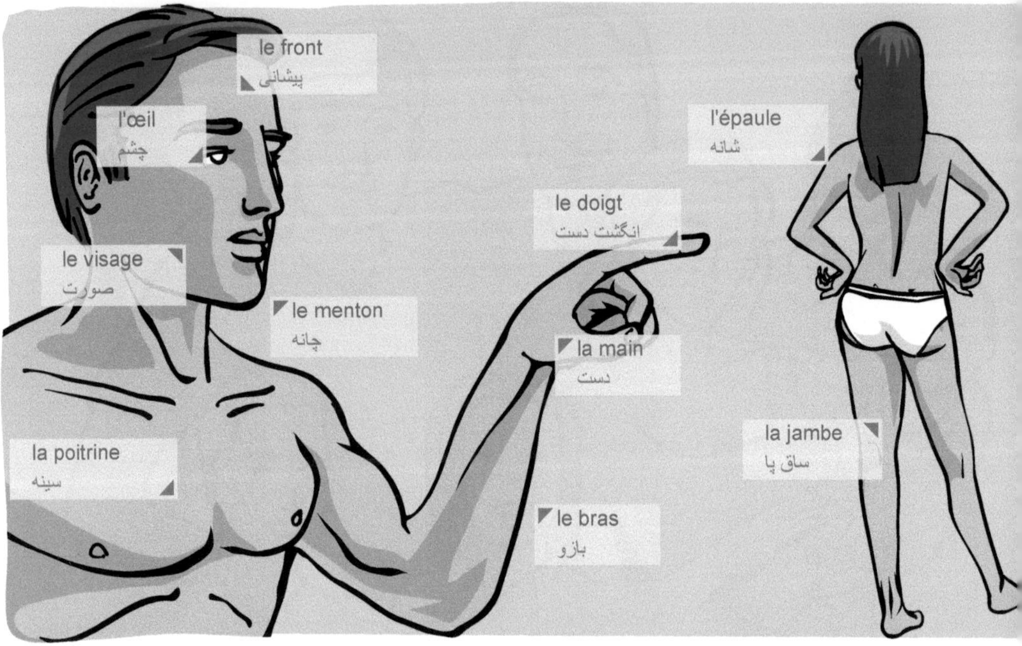

le front
پیشانی
l'œil
چشم
l'épaule
شانه
le doigt
انگشت دست
le visage
صورت
le menton
چانه
la main
دست
la jambe
ساق پا
la poitrine
سینه
le bras
بازو

le bébé

کودک

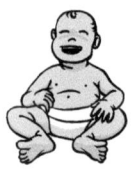

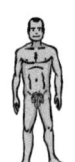

l'homme

مرد

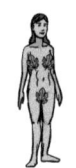

la femme

زن

la fille

دختربچه

le garçon

پسربچه

la tête

کله

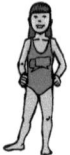

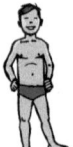

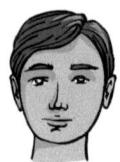

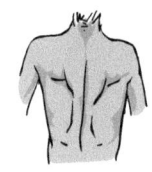

le dos

كمر

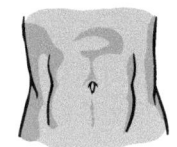

le ventre

شكم

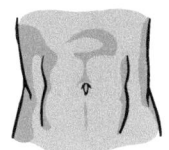

le nombril

ناف

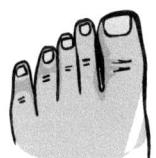

l'orteil

انگشت پا

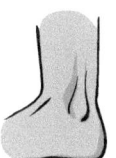

le talon

پاشنه

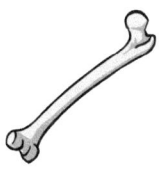

l'os

استخوان

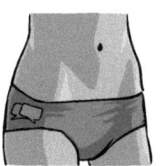

la hanche

لگن

le genou

زانو

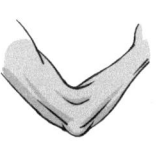

le coude

آرنج

le nez

بینی

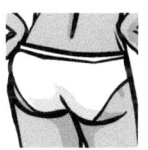

les fesses

نشیمنگاه

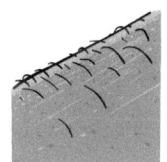

la peau

پوست

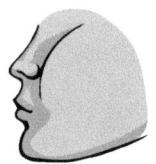

la joue

گونه

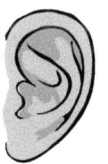

l'oreille

گوش

la lèvre

لب

la bouche

دهان

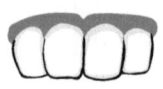

la dent

دندان

la langue

زبان

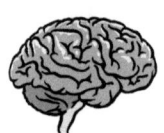

le cerveau

مغز

le cœur

قلب

le muscle

عضله

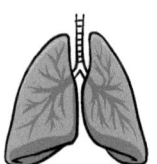

les poumons

ريه

le foie

كبد

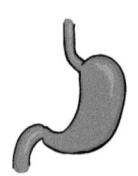

l'estomac

معده

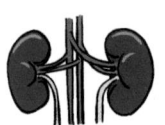

les reins

كليه

le rapport sexuel

آميزش جنسى

le préservatif

كاندوم

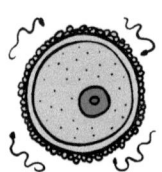

l'ovule

تخمک

le sperme

اسپرم

la grossesse

حاملگى

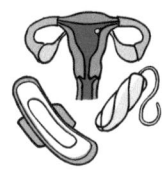

la menstruation

پریود

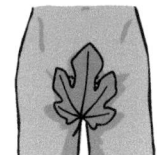

le vagin

واژن

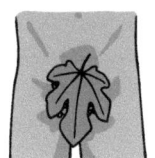

le pénis

ألت تناسلى مرد

le sourcil

أبرو

les cheveux

مو

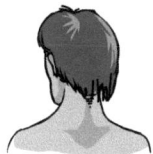

le cou

گردن

l'hôpital
بیمارستان

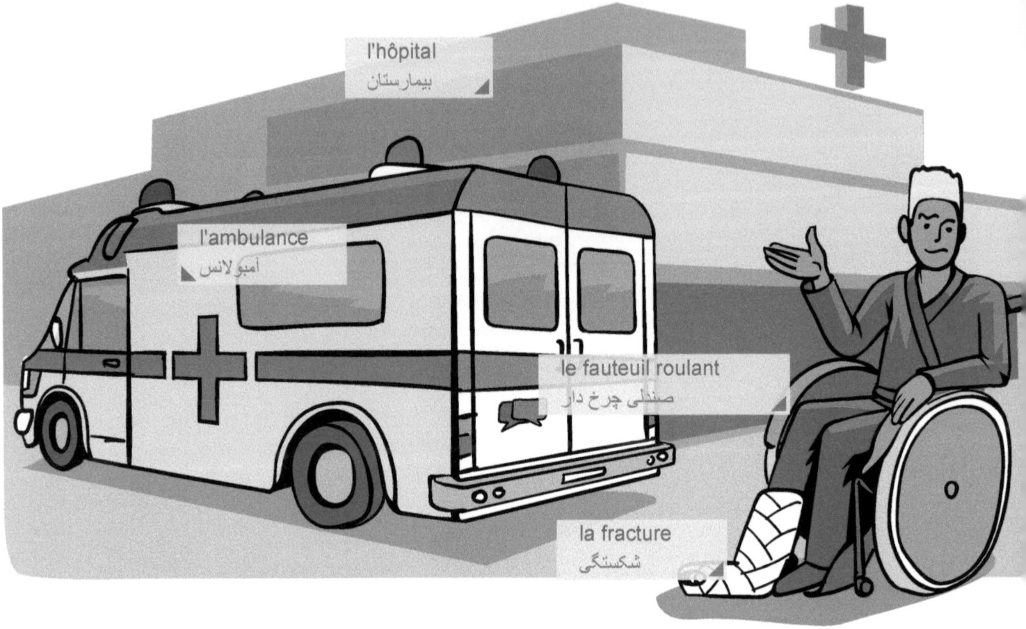

l'hôpital
بیمارستان
l'ambulance
آمبولانس
le fauteuil roulant
صندلی چرخ دار
la fracture
شکستگی

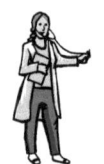

le médecin
دکتر

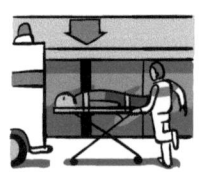

le service des urgences
بخش اورژانس

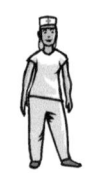

l'infirmière
پرستار

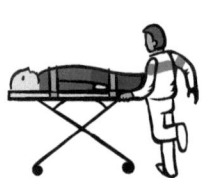

l'urgence
موقعیت اضطراری

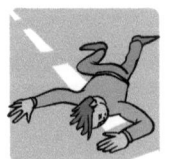

inconscient
بی هوش

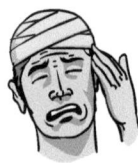

la douleur
درد

la blessure

مصدومیت

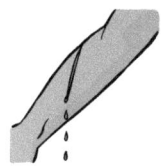

l'hémorragie

خونریزی

la crise cardiaque

سکته قلبی

l'attaque cérébrale

سکته مغزی

l'allergie

آلرژی

la toux

سرفه

la fièvre

تب

la grippe

آنفولانزا

la diarrhée

اسهال

le mal de tête

سردرد

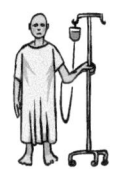

le cancer

سرطان

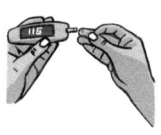

le diabète

دیابت

le chirurgien

جراح

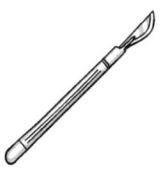

le scalpel

چاقوی جراحی

l'opération

عمل جراحی

le CT

سی تی اسکن

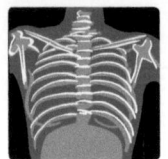

la radiographie

پرتونگاری

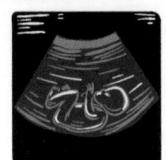

l'échographie

سونوگرافی

le masque

ماسک صورت

la maladie

بیماری

la salle d'attente

اتاق انتظار

la béquille

چوب زیر بغل

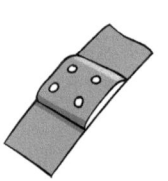

le pansement

چسب زخم

le pansement

پانسمان

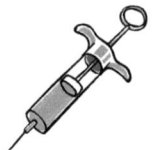

l'injection

تزریق

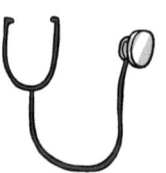

le stéthoscope

گوشی طبی

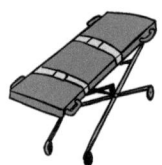

le brancard

برانکار

le thermomètre

دماسنج

l'accouchement

زایش

la surcharge pondérale

اضافه وزن

l'appareil auditif

سمعک

le désinfectant

ماده ضد عفونی کننده

l'infection

عفونت

le virus

ویروس

le VIH / le sida

اچ آی وی / ایدز

le médicament

دارو

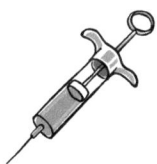

la vaccination

واکسیناسیون

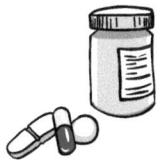

les comprimés

قرص

la pilule

قرص ضد حاملگی

l'appel d'urgence

تماس اظطراری

le tensiomètre

دستگاه اندازه گیری فشارخون

malade / sain

مریض / سالم

l'hôpital - بیمارستان   75

Au secours !

کمک!

l'alarme

آژیر خطر

l'assaut

حمله

l'attaque

حمله ی فیزیکی

le danger

خطر

la sortie de secours

خروج اظطراری

Au feu!

آتش

l'extincteur

کپسول آتش نشانی

l'accident

تصادف

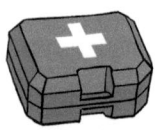

la trousse de premier
secours

جعبه کمک های اولیه

SOS

درخواست کمک

la police

پلیس

l'Europe

اروپا

l'Amérique du Nord

آمریکای شمالی

l'Amérique du Sud

آمریکای جنوبی

l'Afrique

آفریقا

l'Asie

آسیا

l'Australie

استرالیا

l'Océan atlantique

اقیا نوس اطلس

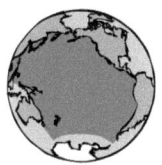

l'Océan pacifique

اقیانوس آرام

l'Océan indien

اقیانوس هند

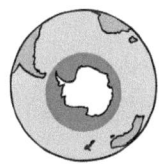

l'Océan antarctique

اقیا نوس اطلس جنوبی

l'Océan arctique

اقیانوس منجمد شمالی

le Pôle nord

قطب شمال

le Pôle sud

قطب جنوب

l'Antarctique

قاره قطب جنوب

la terre

كره زمين

le pays

سرزمين

la mer

دريا

l'île

جزيره

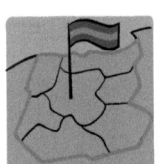

la nation

ملت

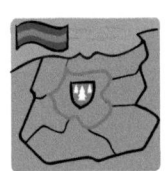

l'état

كشور

le cadran

صفحه ی ساعت

l'aiguille des heures

ساعت شمار

l'aiguille des minutes

دقیقه شمار

l'aiguille des secondes

ثانیه شمار

Quelle heure est-il ?

ساعت چند است؟

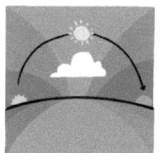

le jour

روز

le temps

زمان

maintenant

اکنون

la montre digitale

ساعت دیجیتال

la minute

دقیقه

l'heure

ساعت

la semaine

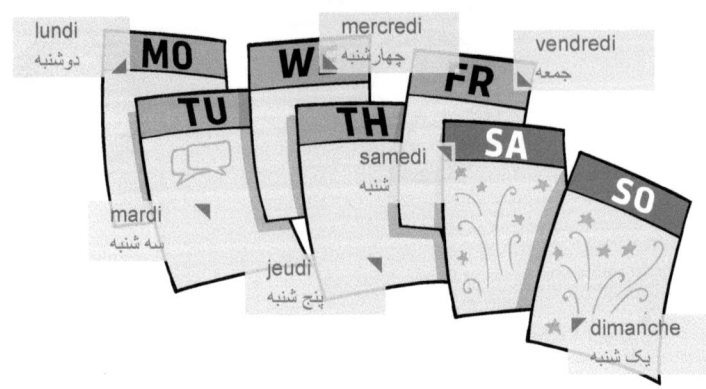

lundi — دوشنبه
mercredi — چهارشنبه
vendredi — جمعه
samedi — شنبه
mardi — سه شنبه
jeudi — پنج شنبه
dimanche — یک شنبه

hier

ديروز

aujourd'hui

امروز

demain

فردا

le matin

صبح

le midi

ظهر

le soir

غروب

les jours ouvrables

روزهای کاری

le week-end

آخر هفته

l'année

سال

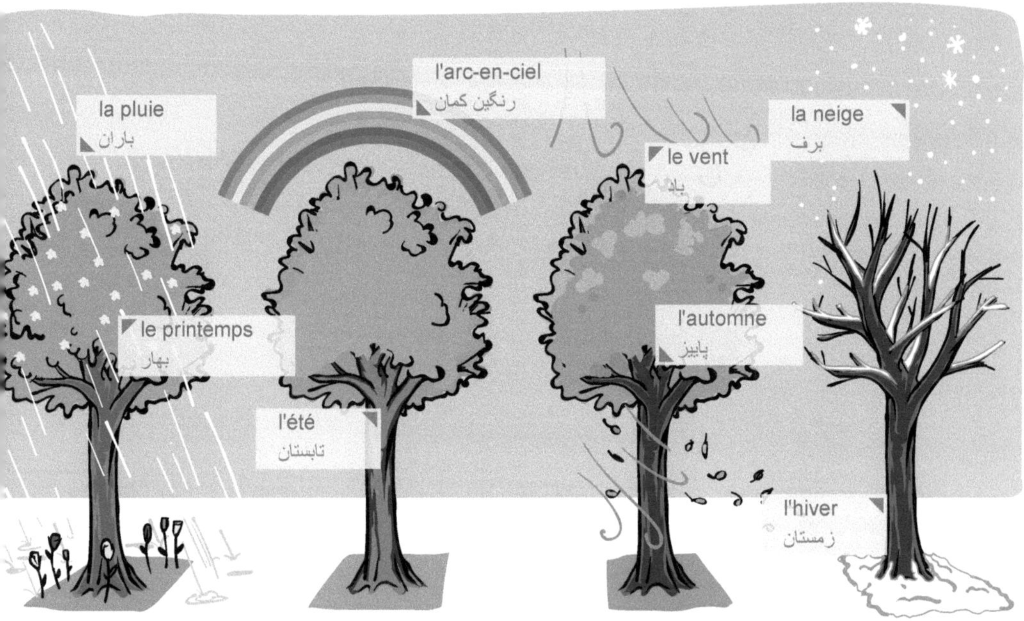

l'arc-en-ciel
رنگین کمان
la pluie
باران
la neige
برف
le vent
باد
le printemps
بهار
l'automne
پاییز
l'été
تابستان
l'hiver
زمستان

4.APRIL 11°
5.APRIL 4°
6.APRIL 13°
7.APRIL 8°
8.APRIL 10°

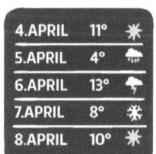

la météo

پیش‌بینی اوضاع جوی

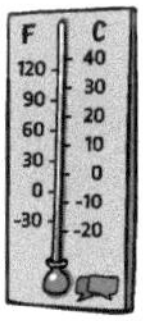

F C
120 40
90 30
60 20
30 10
0 0
-30 -10
-20

le thermomètre

دماسنج

la lumière du soleil

تابش آفتاب

le nuage

ابر

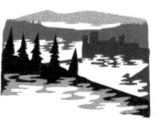

le brouillard

مه

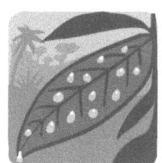

l'humidité

رطوبت هوا

la foudre

صاعقه

la tonnerre

آسمان غره

la tempête

طوفان

la grêle

تگرگ

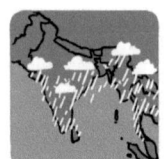

la mousson

باد موسمی

l'inondation

سیل

la glace

یخ

janvier

ژانویه

février

فوریه

mars

مارس

avril

آوریل

mai

مه

juin

ژوئن

juillet

ژوئیه

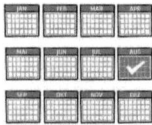

août

اگوست

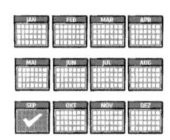

septembre

سپتامبر

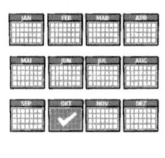

octobre

اکتبر

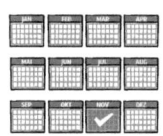

novembre

نوامبر

décembre

دسامبر

les formes

أشكال

le cercle

دایره

le carré

مربع

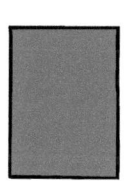

le rectangle

مستطیل

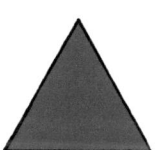

le triangle

سه گوش

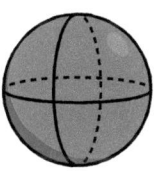

la sphère

گره

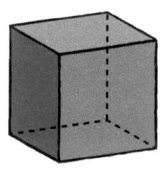

le cube

مکعب مربع

blanc

سفید

jaune

زرد

orange

نارنجی

rose

صورتی

rouge

قرمز

violet

بنفش

bleu

آبی

vert

سبز

marron

قهوه ای

gris

خاکستری

noir

سیاه

beaucoup / peu

خیلی / کم

fâché / calme

خشمگین / آرام

joli / laid

زیبا / زشت

le début / la fin

شروع / پایان

grand / petit

بزرگ / کوچک

clair / obscure

روشن / تیره

frère / soeur

برادر / خواهر

propre / sale

تمیز / آلوده

complet / incomplet

کامل / ناقص

le jour / la nuit

روز / شب

mort / vivant

مرده / زنده

large / étroit

پهن / باریک

comestible / incomestible

قابل خوردن / غیر قابل خوردن

méchant / gentil

غضبناک / مهربان

excité / ennuyé

هیجان زده / بی حوصله

gros / mince

چاق / لاغر

le premier / le dernier

اولین / آخرین

l'ami / l'ennemi

دوست / دشمن

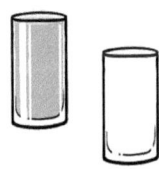

plein / vide

پر / خالی

dur / souple

سفت / نرم

lourd / léger

سنگین / سبک

faim / soif

گرسنگی / تشنگی

malade / sain

مریض / سالم

illégal / légal

غیرقانونی / قانونی

intelligent / stupide

باهوش / خنگ

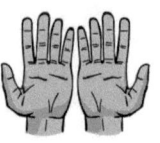

gauche / droite

چپ / راست

proche / loin

نزدیک / دور

nouveau / usé

نو / استفاده شده

rien / quelque chose

هیچ چیز / چیزی

vieux / jeune

پیر / جوان

marche / arrêt

روشن / خاموش

ouvert / fermé

باز / بسته

faible / fort

أهسته / بلند

riche / pauvre

ثروتمند / فقیر

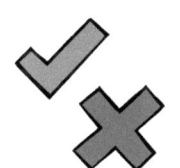

correct / incorrect

درست / غلط

rugueux / lisse

زبر / صاف

triste / heureux

غمگین / خوشحال

court / long

کوتاه / بلند

lent / rapide

کند / تند

mouillé / sec

تر / خشک

chaud / froid

گرم / خنک

la guerre / la paix

جنگ / صلح

les oppositions - متضاد ها

87

les nombres

0

zéro

صفر

1

un / une

یک

2

deux

دو

3

trois

سه

4

quatre

چهار

5

cinq

پنج

6

six

شش

7

sept

هفت

8

huit

هشت

9

neuf

نه

10

dix

دَه

11

onze

یازده

12

douze

دوازده

13

treize

سیزده

14

quatorze

چهارده

15

quinze

پانزده

16

seize

شانزده

17

dix-sept

هفده

18

dix-huit

هجده

19

dix-neuf

نوزده

20

vingt

بیست

100

cent

صد

1.000

mille

هزار

1.000.000

le million

میلیون

l'anglais

انگلیسی

l'anglais américain

انگلیسی آمریکایی

le chinois mandarin

چینی ماندارین

le hindi

هندی

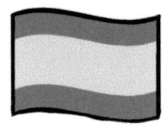

l'espagnol

اسپانیایی

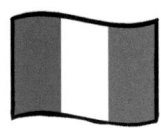

le français

فرانسوی

l'arabe

عربی

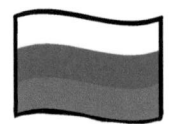

le russe

روسی

le portugais

پرتغالی

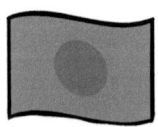

le bengali

بنگالی

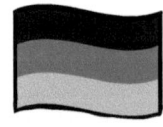

l'allemand

آلمانی

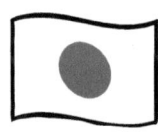

le japonais

ژاپنی

je

من

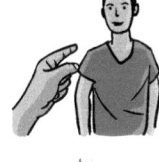

tu

تو

il / elle / ce, c', cela

او

nous

ما

vous

شما

ils / elles

آنها

Qui ?

چه کسی؟ کی؟

Quoi ?

چی؟

Comment ?

چگونه؟

Où ?

کجا؟

Quand ?

کی؟

le nom

نام

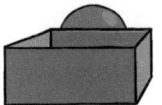

derrière

پشت

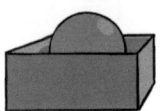

dans

توی

devant

جلو

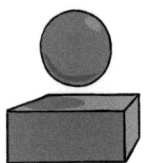

au-dessus

بالای

sur

روی

en-dessous

زیر

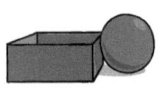

à côté de

مجاور

entre

بین

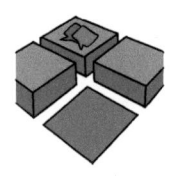

le lieu

مکان